Impressum
Verlag: BABADADA GmbH, Nedderfeld 112 , 22529 Hamburg
Geschäftsführer / Verlagsleitung: Harald Hof
Druck: Books on Demand GmbH, In de Tarpen 42, 22848 Norderstedt

Imprint
Publisher: BABADADA GmbH, Nedderfeld 112 , 22529 Hamburg, Germany
Managing Director / Publishing direction: Harald Hof
Print: Books on Demand GmbH, In de Tarpen 42, 22848 Norderstedt

école
escuela

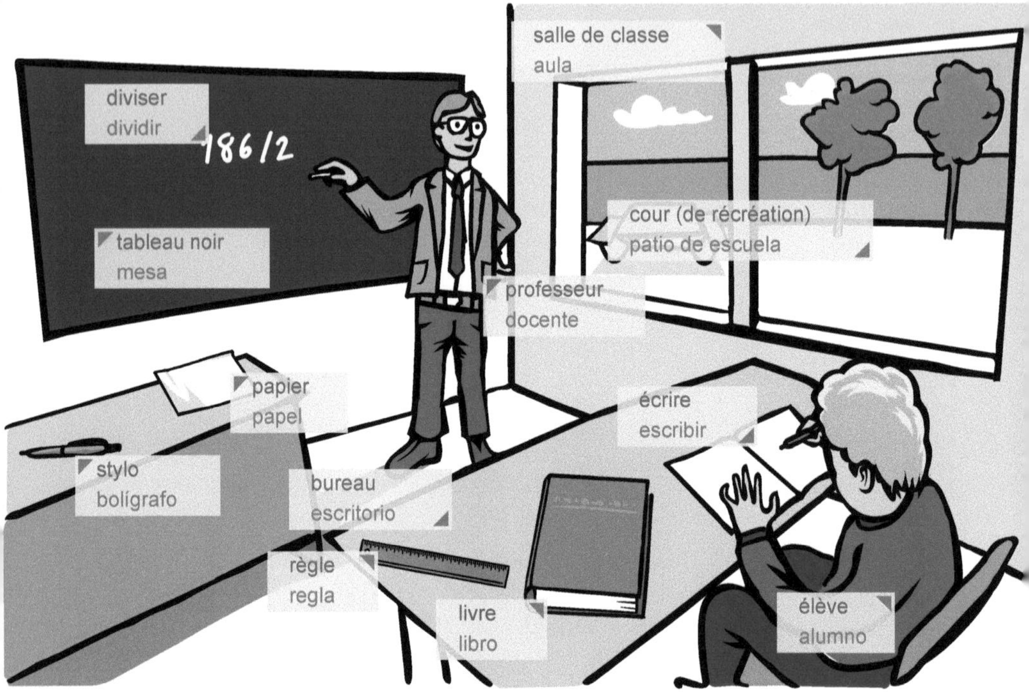

salle de classe
aula
diviser
dividir
186/2
tableau noir
mesa
cour (de récréation)
patio de escuela
professeur
docente
papier
papel
écrire
escribir
stylo
bolígrafo
bureau
escritorio
règle
regla
livre
libro
élève
alumno

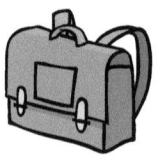

cartable

mochila escolar

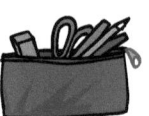

trousse

caja de lápices

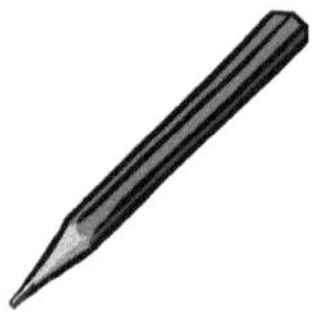

crayon

lápiz

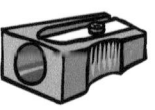

taille-crayon

sacapuntas

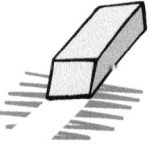

gomme

goma de borrar

carnet à dessin

bloc de dibujo

dessin

dibujo

pinceau

pincel

boîte de peinture

caja de pinturas

ciseaux

tijera

colle

pegamento

cahier d'exercices

libro de ejercicios

devoirs

tarea

chiffre

número

additionner

sumar

soustraire

restar

multiplier

multiplicar

calculer

calcular

lettre

letra

alphabet

alfabeto

mot

palabra

texte

texto

lire

leer

craie

tiza

leçon

lección

livre de classe

libro de clase

examen

examen

certificat

certificado

uniforme scolaire

uniforme escolar

formation

educación

lexique

enciclopedia

université

universidad

microscope

microscopio

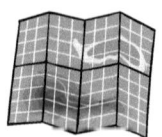

carte

mapa

corbeille à papier

cesto de papeles

école - escuela

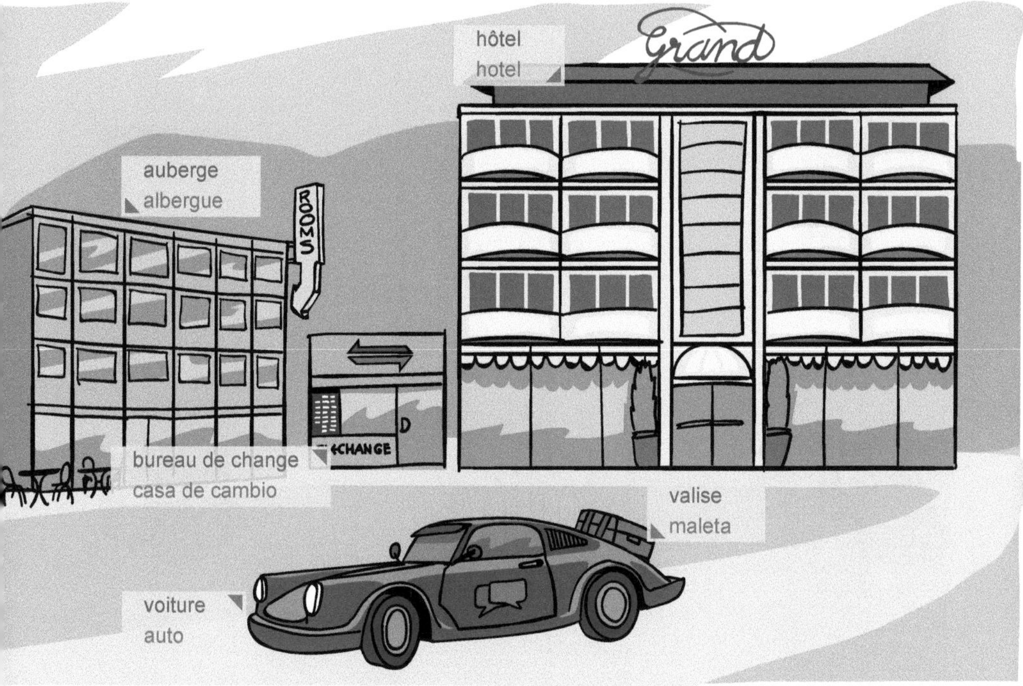

Grand
hôtel
hotel
auberge
albergue
ROOMS
ÉCHANGE
bureau de change
casa de cambio
valise
maleta
voiture
auto

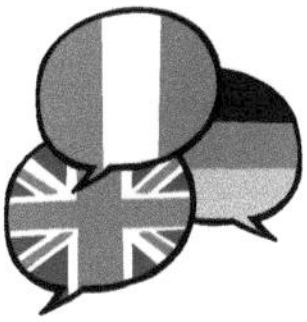

langue

idioma

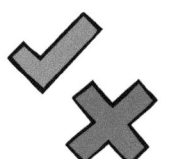

oui / non

sí / no

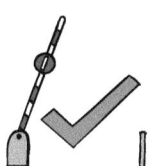

d'accord

ok

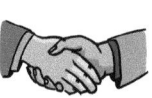

Salut

hola

interprète

intérprete

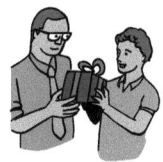

merci

gracias

Combien coûte...?

¿Cuánto cuesta...?

Je ne comprends pas

No entiendo

problème

problema

Bonsoir !

¡Buenas tardes!

Bonjour !

¡Buenos días!

Bonne nuit !

¡Buenas noches!

Au revoir

adiós

direction

dirección

bagages

equipaje

sac

bolso

sac-à-dos

mochila

hôte

invitado

pièce

cuarto

sac de couchage

saco de dormir

tente

tienda de campaña

office de tourisme

información al turista

plage

playa

carte de crédit

tarjeta de crédito

petit-déjeuner

desayuno

déjeuner

almuerzo

dîner

cena

billet

pasaje

ascenseur

ascensor

timbre

sello

frontière

límite

douane

aduana

ambassade

embajada

visa

visa

passeport

pasaporte

transport
transporte

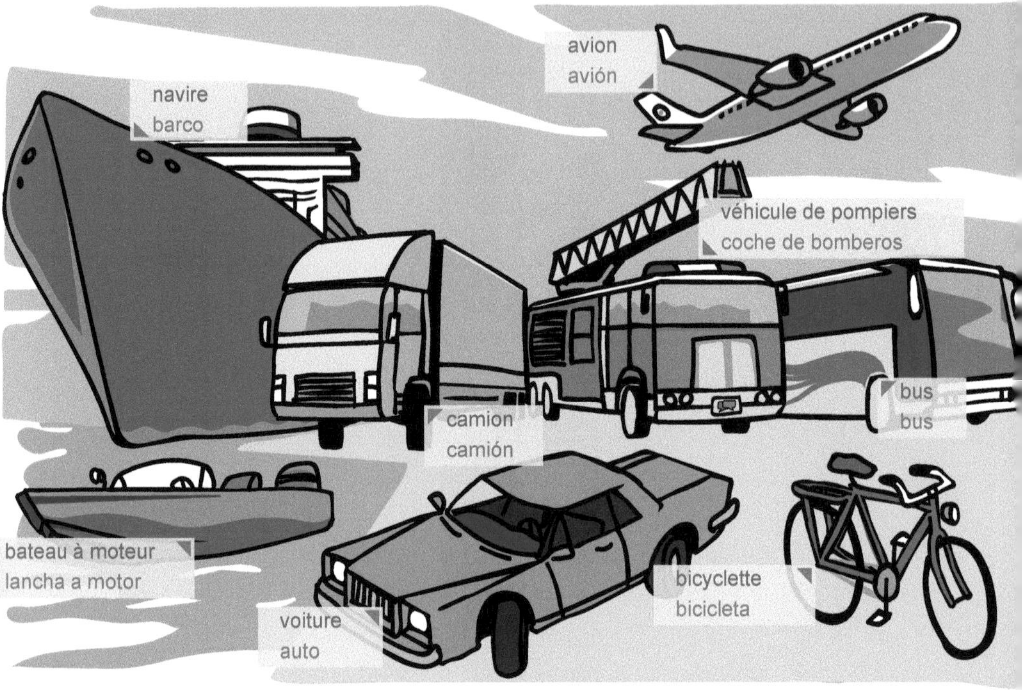
avion
avión
navire
barco
véhicule de pompiers
coche de bomberos
bus
bus
camion
camión
bateau à moteur
lancha a motor
bicyclette
bicicleta
voiture
auto

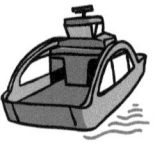

ferry
balsa

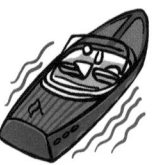

barque
lancha

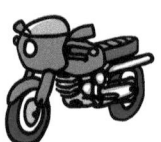

moto
motocicleta

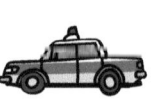

voiture de police
auto de policía

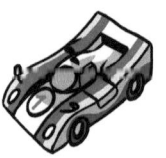

voiture de course
auto de carreras

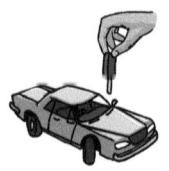

voiture de location
auto de alquiler

auto-partage

alquiler de autos

voiture de remorquage

grúa

benne à ordures

vehículo recolector de basura

moteur

motor

essence

gasolina

station d'essence

gasolinera

panneau indicateur

señal de tráfico

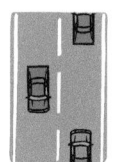

trafic

tránsito

embouteillage

atasco

parking

estacionamiento

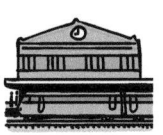

gare

estación de tren

rails

carril

train

tren

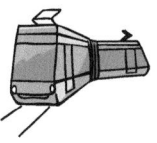

tramway

tranvía

wagon

vagón

hélicoptère

helicóptero

aéroport

aeropuerto

tour

torre

passager

pasajero

conteneur

contenedor

carton

caja de cartón

chariot

carro

corbeille

cesta

décoller / atterrir

despegar / aterrizar

ville

ciudad

village

aldea

centre-ville

centro de la ciudad

maison

casa

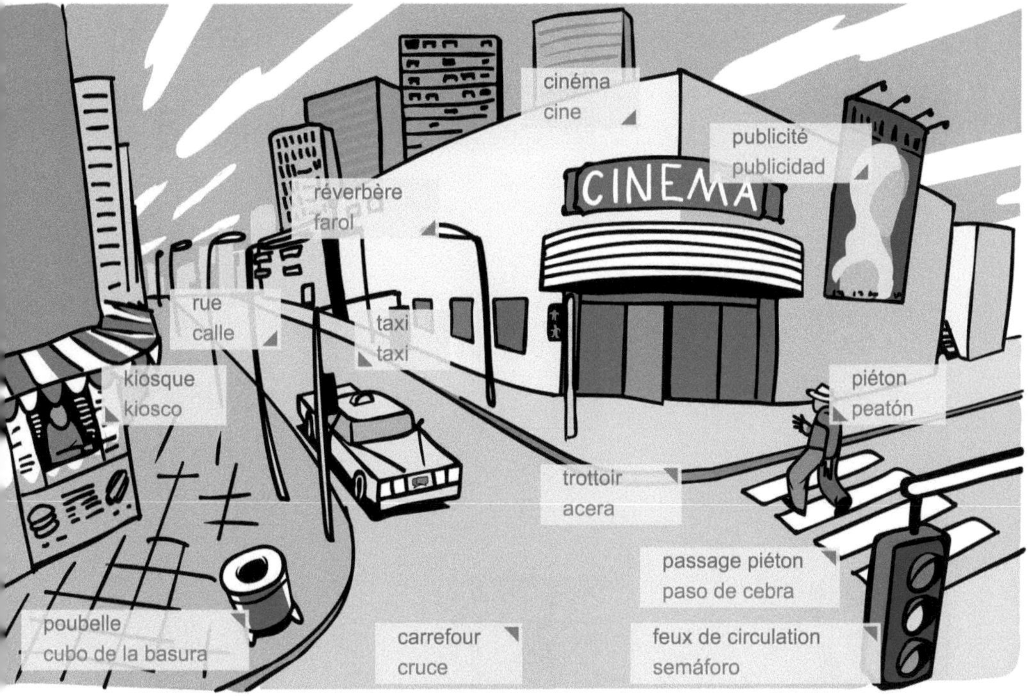

cinéma
cine

publicité
publicidad

réverbère
farol

CINEMA

rue
calle

taxi
taxi

kiosque
kiosco

piéton
peatón

trottoir
acera

passage piéton
paso de cebra

poubelle
cubo de la basura

carrefour
cruce

feux de circulation
semáforo

cabane
cabaña

appartement
apartamento

gare
estación de tren

mairie
ayuntamiento

musée
museo

école
escuela

université
....
universidad

banque
....
banco

hôpital
....
hospital

hôtel
....
hotel

pharmacie
....
farmacia

bureau
....
oficina

librairie
....
librería

magasin
....
negocio

fleuriste
....
florería

supermarché
....
supermercado

marché
....
mercado

grand magasin
....
grandes almacenes

poissonnerie
....
pescadería

centre commercial
....
centro comercial

port
....
puerto

parc

parque

banque

banco

pont

puente

escaliers

escalera

métro

metro

tunnel

túnel

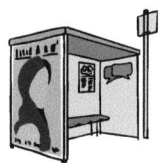

arrêt de bus

parada de autobuses

bar

bar

restaurant

restaurante

boîte à lettres

buzón de correo

panneau indicateur

letrero

parcmètre

parquímetro

zoo

zoológico

piscine

piscina

mosquée

mezquita

ferme
granja

pollution
polución

cimetière
cementerio

église
iglesia

aire de jeux
parque infantil

temple
templo

paysage
paisaje

feuille
hoja

panneau indicateur
indicador de camino

chemin
sendero

pré
pradera

pierre
piedra

arbre
árbol

randonneur
caminante

rivière
río

herbe
pasto

fleur
flor

vallée

valle

montagne

montaña

lac

lago

forêt

bosque

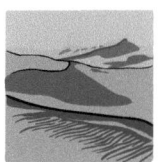

désert

desierto

volcan

volcán

château

castillo

arc-en-ciel

arco iris

champignon

seta

palmier

palmera

moustique

mosquito

mouche

mosca

fourmis

hormiga

abeille

abeja

araignée

araña

paysage - paisaje

coléoptère

escarabajo

grenouille

rana

écureuil

ardilla

hérisson

erizo

lièvre

liebre

chouette

lechuza

oiseau

pájaro

cygne

cisne

sanglier

jabalí

cerf

ciervo

élan

alce

barrage

embalse

éolienne

aerogenerador

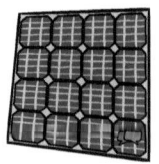

panneau solaire

módulo solar

climat

clima

restaurant
restaurante

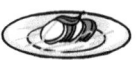

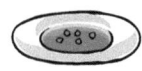

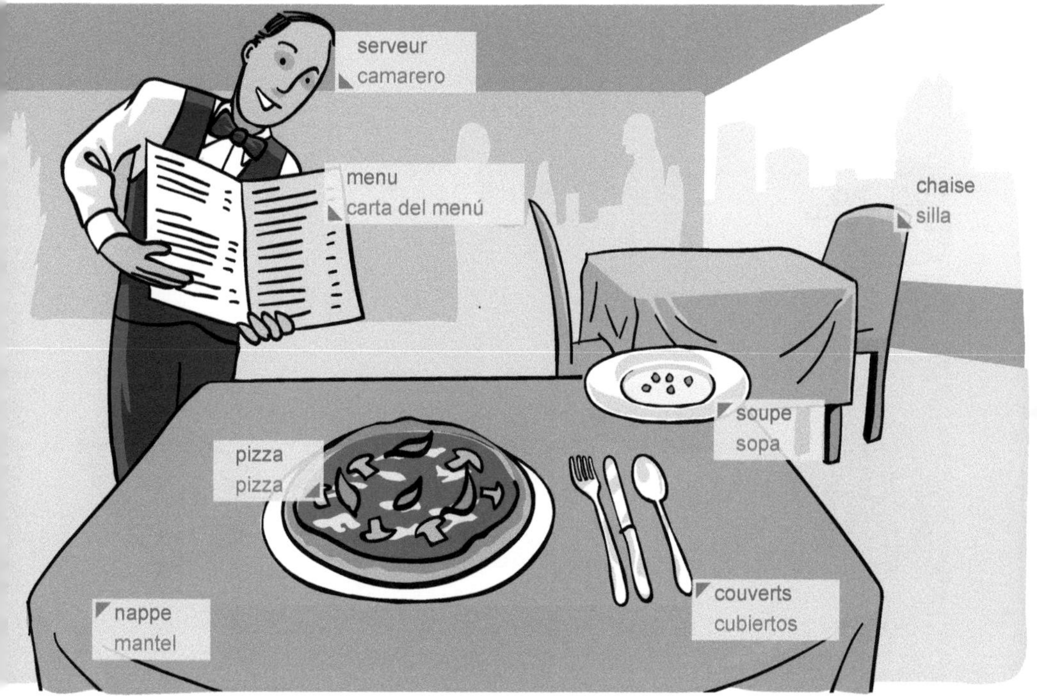
serveur
camarero
menu
carta del menú
chaise
silla
soupe
sopa
pizza
pizza
couverts
cubiertos
nappe
mantel

hors d'œuvre

entrada

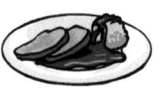

plat principal

plato principal

dessert

postre

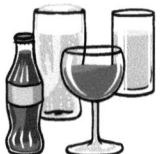

boissons

bebida

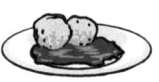

alimentation

comida

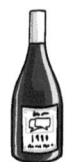

bouteille

botella

fast-food

comida rápida

plats à emporter

comida callejera

théière

tetera

sucrier

azucarera

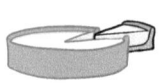

portion

porción

machine à expresso

máquina de espresso

chaise haute

silla alta

facture

factura

plateau

bandeja

couteau

cuchillo

fourchette

tenedor

cuillère

cuchara

cuillère à thé

cuchara de té

serviette

servilleta

verre

vaso

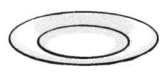

assiette

plato

assiette à soupe

plato de sopa

soucoupe

platillo

sauce

salsa

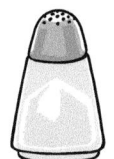

salière

salero

moulin à poivre

molinillo para pimienta

vinaigre

vinagre

huile

aceite

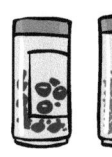

épices

especias

ketchup

ketchup

moutarde

mostaza

mayonnaise

mayonesa

supermarché
supermercado

offre promotionnelle
oferta
FOR
client
cliente
produits laitiers
productos lácteos
fruits
fruta
chariot
carrito de compras

BUTCHERS

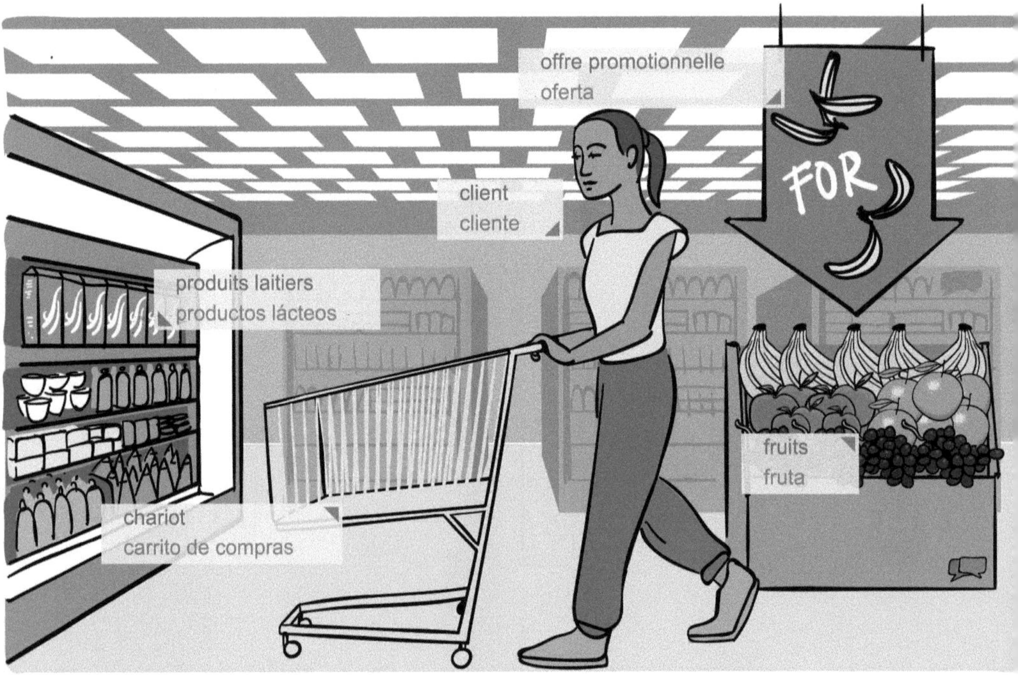

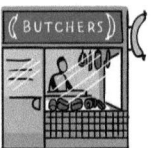

boucherie
carnicería

BAKERY

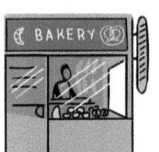

boulangerie
panadería

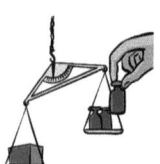

peser
pesar

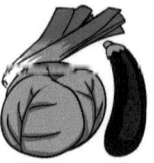

légumes
verdura

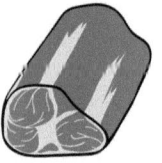

viande
carne

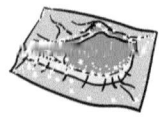

aliments surgelés
alimentos congelados

charcuterie
fiambre

conserves
conservas

poudre à lessive
detergente en polvo

bonbons
dulces

articles ménagers
artículos domésticos

détergents
productos de limpieza

vendeuse
vendedora

caisse
caja

caissier
cajero

liste d'achats
lista de compras

heures d'ouverture
horario de atención

portefeuille
cartera

carte de crédit
tarjeta de crédito

sac
maleta

sac en plastique
bolsa plástica

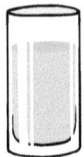

eau

agua

jus de fruit

jugo

lait

leche

coca

refresco de cola

vin

vino

bière

cerveza

alcool

alcohol

chocolat chaud

cacao

thé

té

café

café

expresso

espresso

cappuccino

cappuccino

banane

banana

pomme

manzana

orange

naranja

melon

sandía

citron

limón

carotte

zanahoria

ail

ajo

bambou

bambú

oignon

cebolla

champignon

seta

noisettes

nueces

pâtes

fideos

spaghetti

espagueti

riz

arroz

salade

ensalada

pommes frites

patatas fritas

pommes de terre rôties

patatas salteadas

pizza

pizza

hamburger

hamburguesa

sandwich

sándwich

escalope

escalope

jambon

jamón

salami

salame

saucisse

embutido

poulet

pollo

rôti

asado

poisson

pescado

alimentation - comida

flocons d'avoine

copos de avena

muesli

musli

cornflakes

copos de maíz tostado

farine

harina

croissant

croissant

petits-pains

panecillo

pain

pan

pain grillé

tostada

biscuits

galletas

beurre

mantequilla

le fromage blanc

cuajada

gâteau

pastel

œuf

huevo

œuf au plat

huevo frito

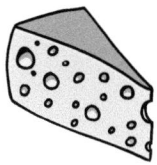

fromage

queso

glace

helado

sucre

azúcar

miel

miel

confiture

mermelada

crème nougat

praliné

curry

curry

ferme
granja

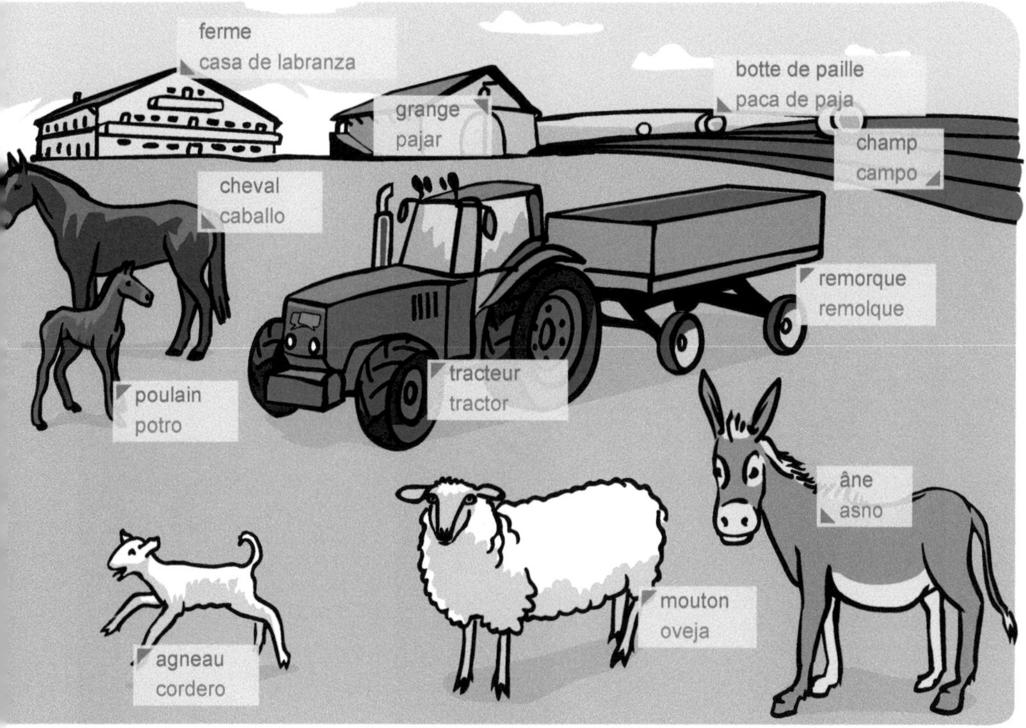

ferme
casa de labranza
botte de paille
paca de paja
grange
pajar
champ
campo
cheval
caballo
remorque
remolque
tracteur
tractor
poulain
potro
âne
asno
mouton
oveja
agneau
cordero

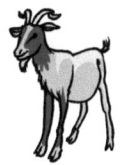

chèvre
cabra

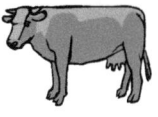

vache
vaca

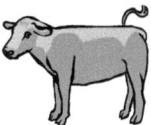

veau
ternero

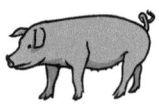

porc
cerdo

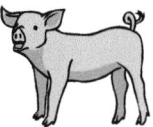

porcelet
lechón

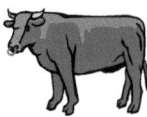

taureau
toro

oie
ganso

canard
pato

poussin
polluelo

poule
pollo

coq
gallo

rat
rata

chat
gato

souris
ratón

bœuf
buey

chien
perro

chenil
caseta del perro

tuyau de jardin
manguera de riego

arrosoir
regadera

faucheuse
guadaña

charrue
arado

faucille

hoz

pioche

azada

fourche

bieldo

hache

hacha

brouette

carretilla

cuve

abrevadero

pot à lait

lechera

sac

saco

clôture

cerca

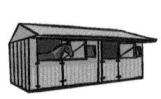

étable

establo

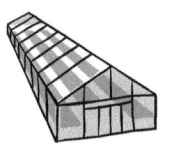

serre

invernadero

sol

suelo

semences

semilla

engrais

fertilizante

moissonneuse-batteuse

cosechadora

récolter

cosechar

récolte

cosecha

igname

raíz de ñame

blé

trigo

soja

soja

pomme de terre

patata

maïs

maíz

colza

colza

arbre fruitier

Árbol frutal

manioc

mandioca

céréales

cereales

maison
casa

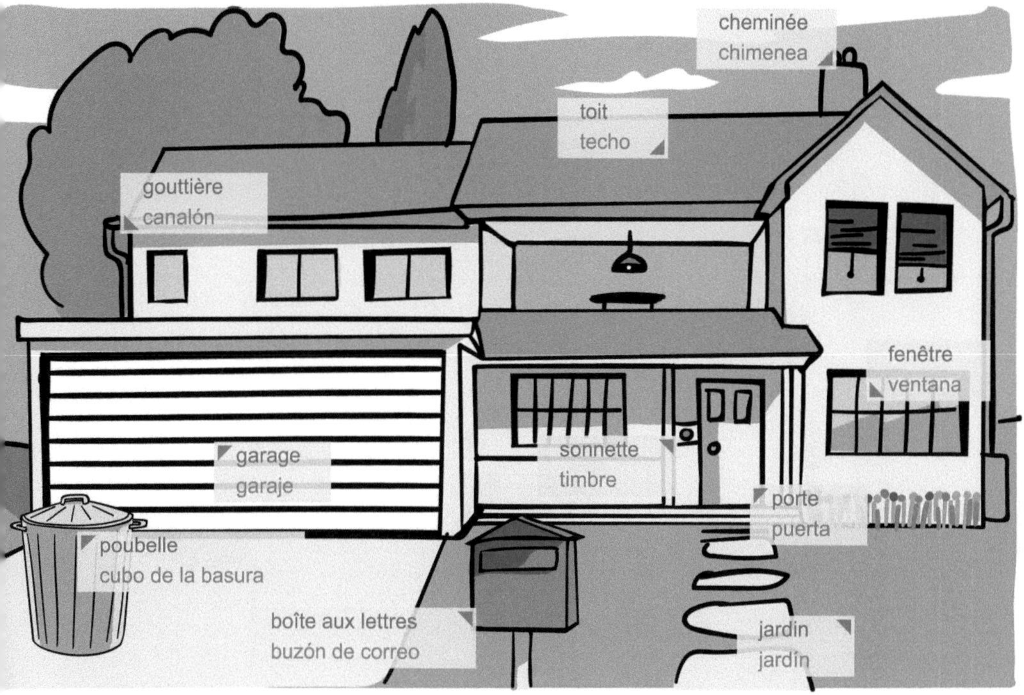
cheminée
chimenea
toit
techo
gouttière
canalón
fenêtre
ventana
sonnette
timbre
garage
garaje
porte
puerta
poubelle
cubo de la basura
boîte aux lettres
buzón de correo
jardin
jardín

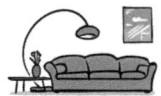

salon
cuarto de estar

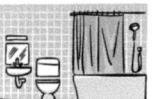

salle de bain
cuarto de baño

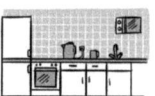

cuisine
cocina

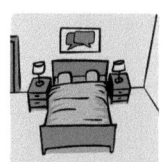

chambre à coucher
dormitorio

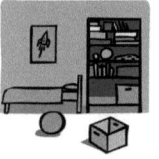

chambre d'enfant
cuarto de los niños

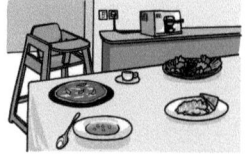

salle à manger
comedor

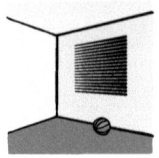

sol
....
piso

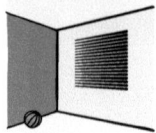

mur
....
pared

plafond
....
cielorraso

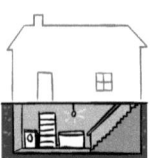

cave
....
sótano

sauna
....
sauna

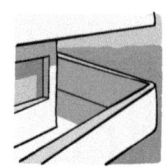

balcon
....
balcón

terrasse
....
terraza

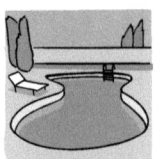

piscine
....
piscina

tondeuse à gazon
....
cortacésped

housse
....
funda nórdica

couette
....
edredón

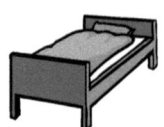

lit
....
cama

balai
....
escoba

sceau
....
cubo

interrupteur
....
interruptor

salon
cuarto de estar

papier peint
papel para empapelar
image
imagen
lampe
lámpara
étagère
estante
armoire
gabinete
télé
televisor
cheminée
hogar
fleur
flor
coussin
cojín
sofa
sofá
vase
florero
télécommande
control remoto

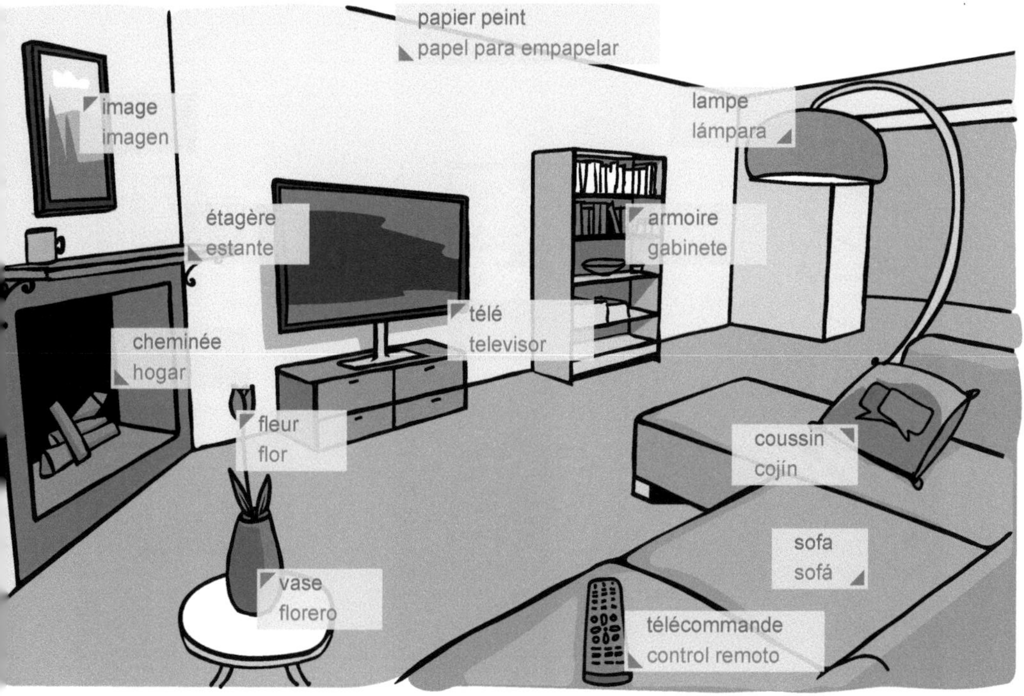

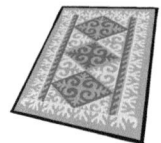

tapis

alfombra

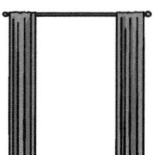

rideau

cortina

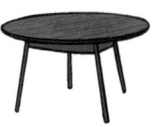

table

mesa

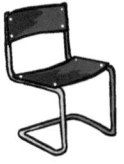

chaise

silla

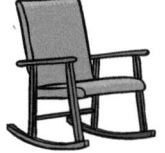

chaise à bascule

mecedora

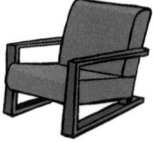

fauteuil

sillón

livre
....
libro

couverture
....
frazada

décoration
....
decoración

bois de chauffage
....
leña

film
....
film

chaîne hi-fi
....
equipo estereofónico

clé
....
llave

journal
....
periódico

peinture
....
cuadro

poster
....
póster

radio
....
radio

bloc-notes
....
bloc de notas

aspirateur
....
aspiradora

cactus
....
cactus

bougie
....
vela

cuisine
cocina

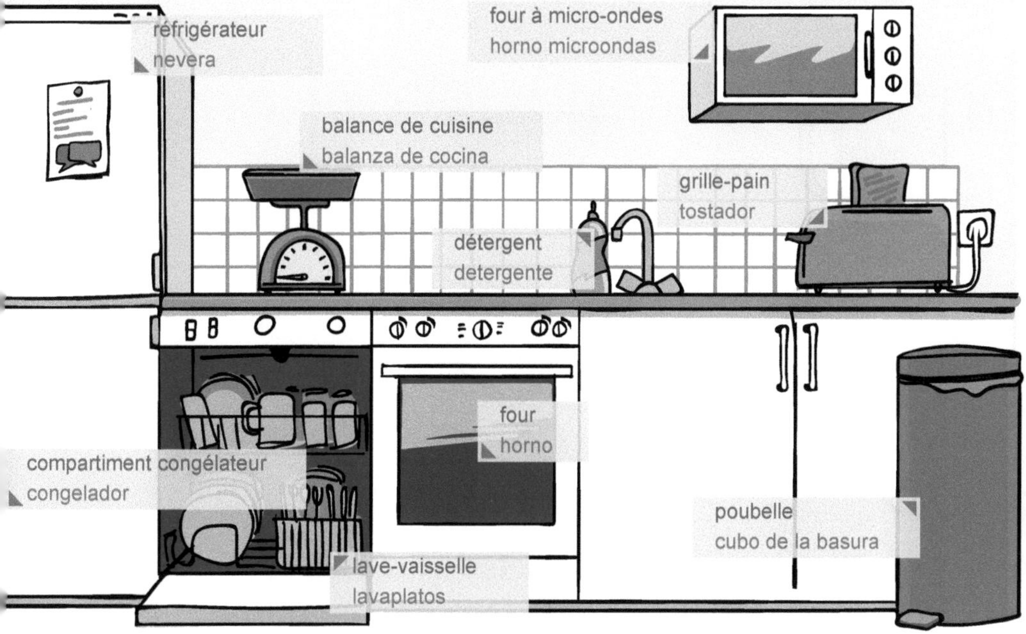

réfrigérateur
nevera
four à micro-ondes
horno microondas
balance de cuisine
balanza de cocina
grille-pain
tostador
détergent
detergente
four
horno
compartiment congélateur
congelador
poubelle
cubo de la basura
lave-vaisselle
lavaplatos

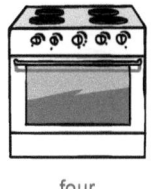

four

cocina

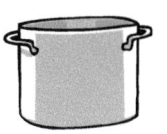

casserole

olla

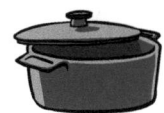

marmite

olla de fundición de hierro

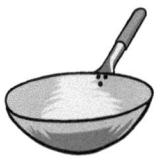

wok / kadai

wok / kadai

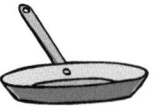

poêle

sartén

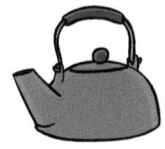

bouilloire electrique

hervidor de agua

cuiseur vapeur

olla de vapor

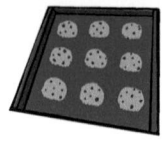

plaque de cuisson

bandeja de horno

vaisselle

vajilla

gobelet

vaso

coupe

bol

baguettes

palillos para comer

louche

cucharón de sopa

spatule

espátula

fouet

batidor

passoire

colador

tamis

cedazo

râpe

rallador

mortier

mortero

barbecue

parrillada

cheminée

fogata

cuisine - cocina

planche à découper

tabla de picar

rouleau à pâtisserie

rodillo

tire-bouchon

sacacorchos

boîte

lata

ouvre-boîte

abrelatas

maniques

agarrador

lavabo

fregadero

brosse

cepillo

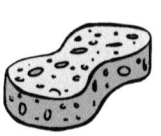

éponge

esponja

mixeur

batidora

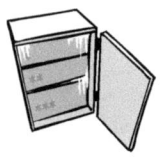

congélateur

arcón congelador

biberon

biberón

robinet

grifo

salle de bain

cuarto de baño

douche
ducha
chauffage
calefacción
serviette
toalla
rideau de douche
cortina para ducha
bain moussant
baño de espuma
baignoire
bañera
verre
vaso
machine à laver
lavadora
robinet
grifo
carrelage
baldosa
pot
orinal
lavabo
fregadero

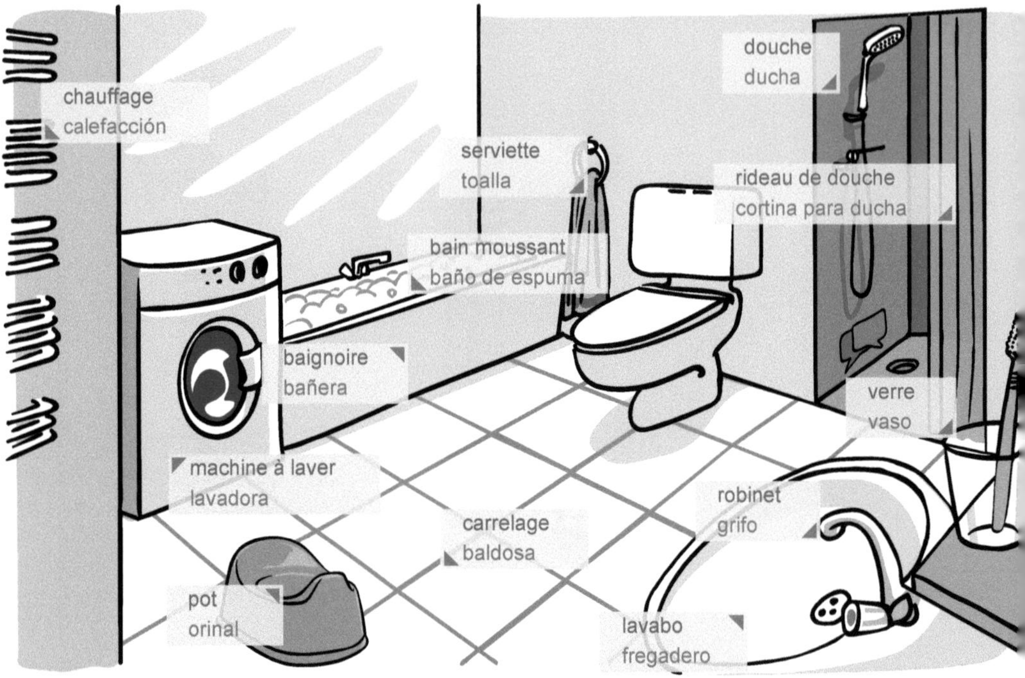

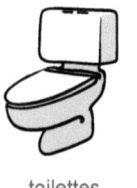

toilettes

cuarto de baño

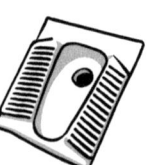

toilette à la turque

placa turca

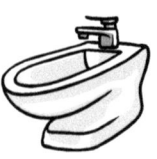

bidet

bidé

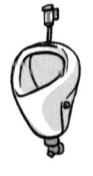

urinoir

urinario

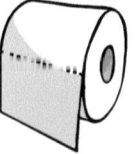

papier toilette

papel higiénico

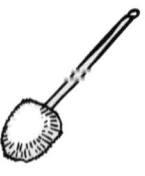

brosse à toilette

escobilla para el cuarto de baño

brosse à dents

cepillo de dientes

dentifrice

pasta dentífrica

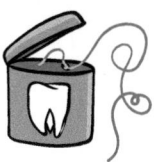

fil dentaire

seda dental

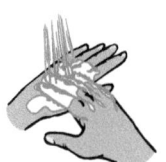

laver

lavar

douche manuelle

ducha teléfono

douche intime

ducha higiénica

vasque

cuenco

brosse dorsale

cepillo para la espalda

savon

jabón

gel douche

gel de ducha

shampooing

champú

gant de toilette

manopla para baño

écoulement

desagüe

crème

crema

déodorant

desodorante

miroir

espejo

miroir cosmétique

espejo de maquillaje

rasoir

máquina de afeitar

mousse à raser

espuma de afeitar

après-rasage

loción para después del afeitado

peigne

peine

brosse

cepillo

sèche-cheveux

secador para cabello

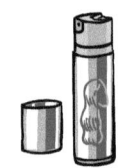

laque pour cheveux

laca de peinado

fond de teint

maquillaje

rouge à lèvres

lápiz labial

vernis à ongles

laca para uñas

ouate

algodón

coupe-ongles

tijera para uñas

parfum

perfume

trousse de toilette

neceser

tabouret

taburete

pèse-personne

balanza

peignoir

bata de baño

gants de nettoyage

guantes de goma

tampon

tampón

serviettes hygiéniques

compresa

toilette chimique

wáter químico

chambre d'enfant

cuarto de los niños

réveil
despertador
doudou
animal de peluche
voiture jouet
auto de juguete
hochet
sonajero
maison de poupée
casa de muñecas
cadeau
obsequio

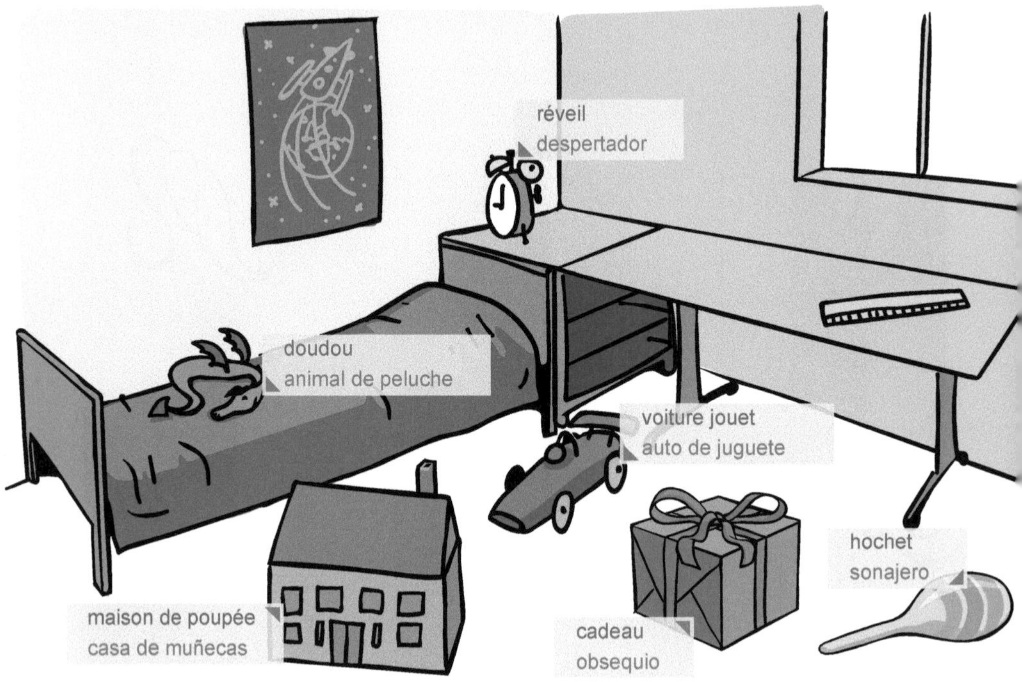

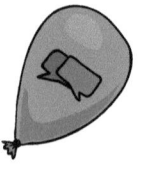

ballon

globo

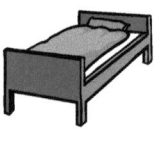

lit

cama

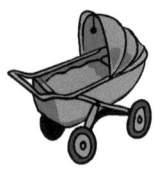

poussette

cochecito para niños

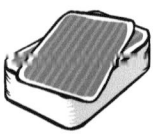

jeu de cartes

juego de barajas

puzzle

rompecabezas

SUPER
MEGA

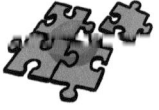

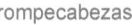

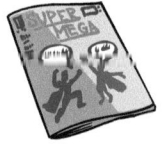

bande dessinée

cómic

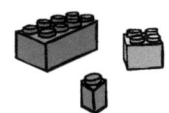

pièces lego

piezas de Lego

blocs de construction

bloques para jugar

figurine

figura de acción

grenouillère

pijama de una pieza

frisbee

frisbee

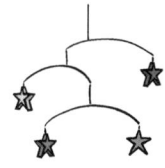

mobile

móvil

jeu de société

juego de mesa

dé

dado

train miniature

tren eléctrico a escala

sucette

chupete

fête

fiesta

livre d'images

libro de dibujos

balle

pelota

poupée

títere

jouer

jugar

bac à sable

arenero

balançoire

columpio

jouets

juguetes

console de jeu

consola de videojuego

tricycle

triciclo

ours en peluche

osito de peluche

armoire

guardarropa

vêtements
vestimenta

chaussettes

calcetines

bas

medias

collant

panti

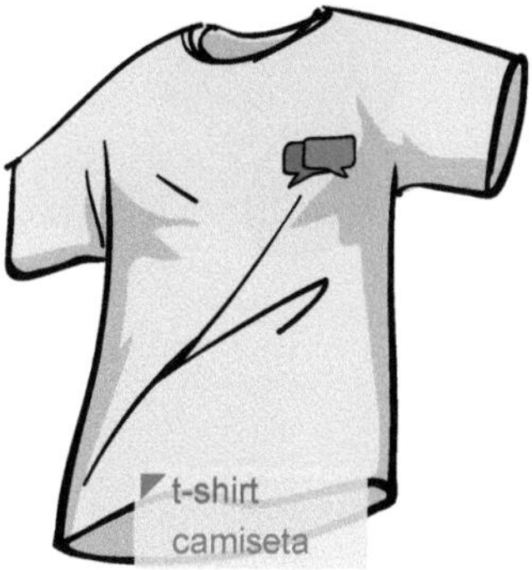

écharpe
chal

ceinture
cinturón

parapluie
paraguas

t-shirt
camiseta

baskets
deportivas

bottes
botas

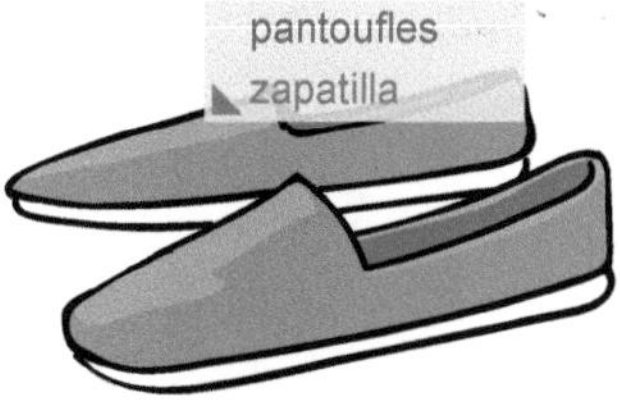

pantoufles
zapatilla

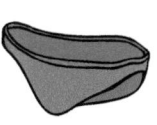

sandales
....
sandalias

chaussures
....
zapatos

bottes de caoutchouc
....
botas de goma

sous-vêtements
....
ropa interior

soutien-gorge
....
corpiño

maillot de corps
....
camiseta

body
body

pantalon
pantalón

jean
jeans

jupe
falda

chemisier
blusa

chemise
camisa

pull
pullover

sweat à capuche
sweater

veste
blazer

veste
chaqueta

manteau
abrigo

imperméable
impermeable

costume
traje chaqueta

robe
vestido

robe de mariée
vestido de bodas

costume

traje

chemise de nuit

camisón

pyjama

pijama

sari

sari

foulard

pañuelo de cabeza

turban

turbante

burqa

burka

caftan

caftán

abaya

abaya

maillot de bain

traje de baño

maillot de bain

bañador

short

shorts

tenue d'entraînement

chándal

tablier

delantal

gants

guante

bouton

botón

lunettes

gafa

bracelet

brazalete

collier

cadena

bague

anillo

boucle d'oreille

aro

bonnet

gorra

cintre

percha

chapeau

sombrero

cravate

corbata

fermeture éclair

cierre a cremallera

casque

casco

bretelles

tiradores

uniforme scolaire

uniforme escolar

uniforme

uniforme

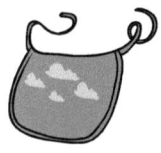

bavoir

babero

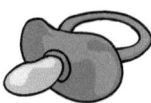

sucette

chupete

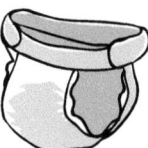

lange

pañal

bureau
oficina

serveur
servidor
armoire d'archivage
archivador
imprimante
impresora
papier
papel
écran
monitor
bureau
escritorio
souris
ratón
classeur
carpeta
clavier
teclado
corbeille à papier
cesto de papeles
ordinateur
ordenador
chaise
silla

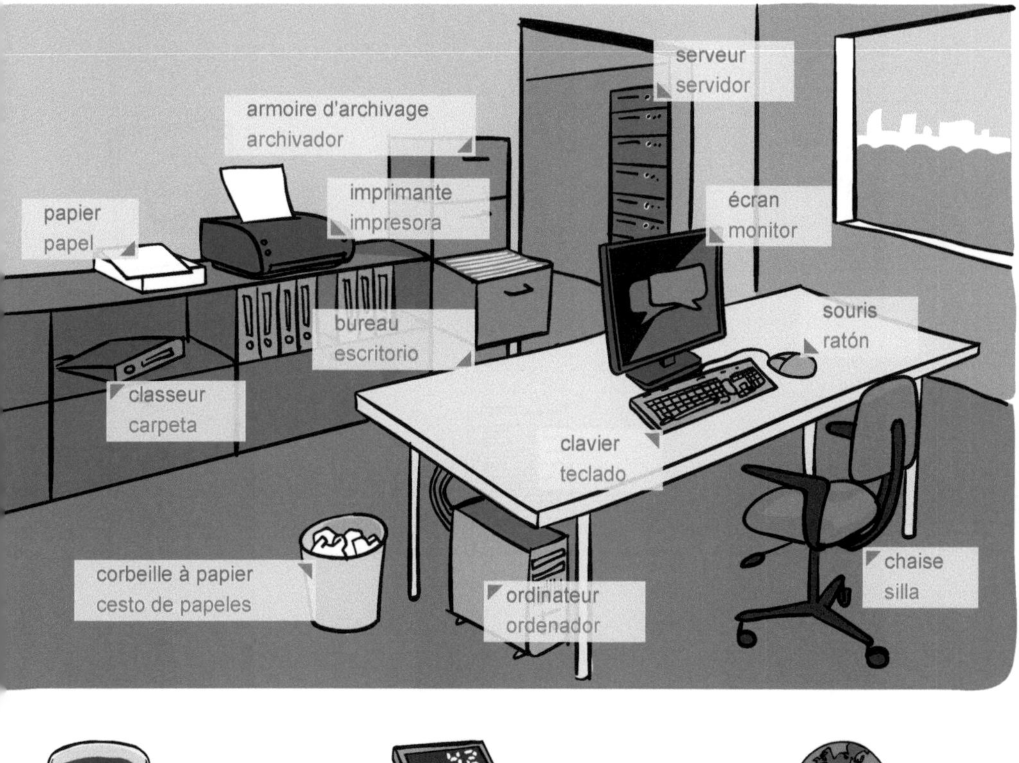

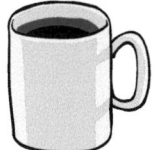

tasse de café

taza de café

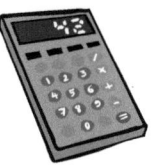

calculatrice

calculadora

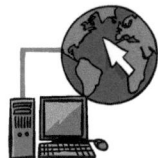

internet

internet

ordinateur portable

laptop

lettre

carta

message

mensaje

portable

teléfono móvil

réseau

red

photocopieuse

fotocopiadora

logiciel

software

téléphone

teléfono

prise

tomacorriente

fax

máquina de fax

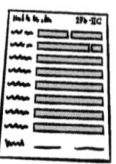

formulaire

formulario

document

documento

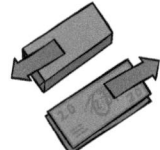

acheter

comprar

payer

pagar

faire du commerce

comerciar

monnaie

dinero

dollar

dólar

euro

euro

yen

yen

rouble

rublo

franc suisse

franco

renminbi yuan

renminbi

roupie

rupia

distributeur automatique

cajero automático

bureau de change

casa de cambio

or

oro

argent

plata

pétrole

petróleo

énergie

energía

prix

precio

contrat

contrato

taxe

impuesto

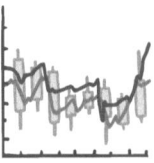

action

acción

travailler

trabajar

employé

empleado

employeur

empleador

usine

fábrica

magasin

negocio

professions
ocupaciones

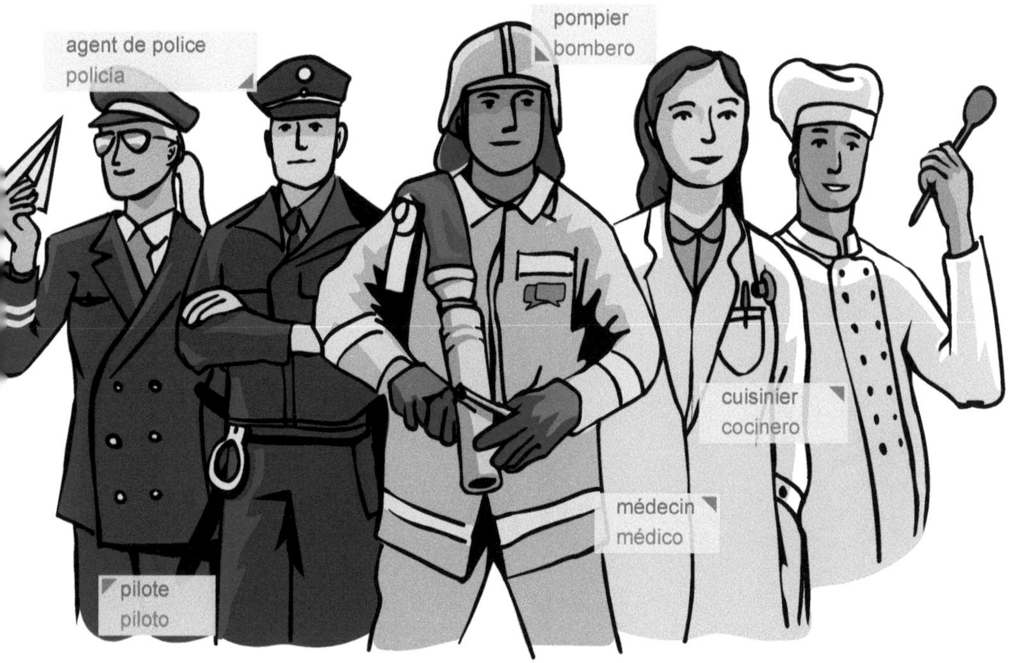

agent de police
policía
pompier
bombero
cuisinier
cocinero
médecin
médico
pilote
piloto

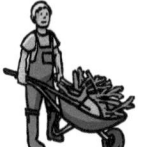

jardinier

jardinero

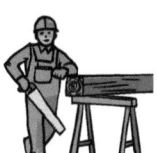

menuisier

carpintero

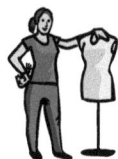

couturière

costurera

juge

juez

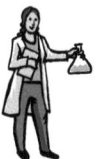

chimiste

químico

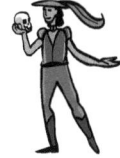

acteur

actor

conducteur de bus

conductor de autobús

chauffeur de taxi

taxista

pêcheur

pescador

femme de ménage

mujer de la limpieza

couvreur

techista

serveur

camarero

chasseur

cazador

peintre

pintor

boulanger

panadero

électricien

electricista

ouvrier

albañil

ingénieur

ingeniero

boucher

carnicero

plombier

fontanero

facteur

cartero

professions - ocupaciones

soldat
soldado

architecte
arquitecto

caissier
cajero

fleuriste
florista

coiffeur
peluquero

contrôleur
cobrador

mécanicien
mecánico

capitaine
capitán

dentiste
odontólogo

scientifique
científico

rabbin
rabino

imam
imam

moine
monje

prêtre
párroco

professions - ocupaciones

outils
herramientas

marteau
martillo
pinces
tenazas
tournevis
destornillador
clé
llave de tuercas
torche
lámpara de me

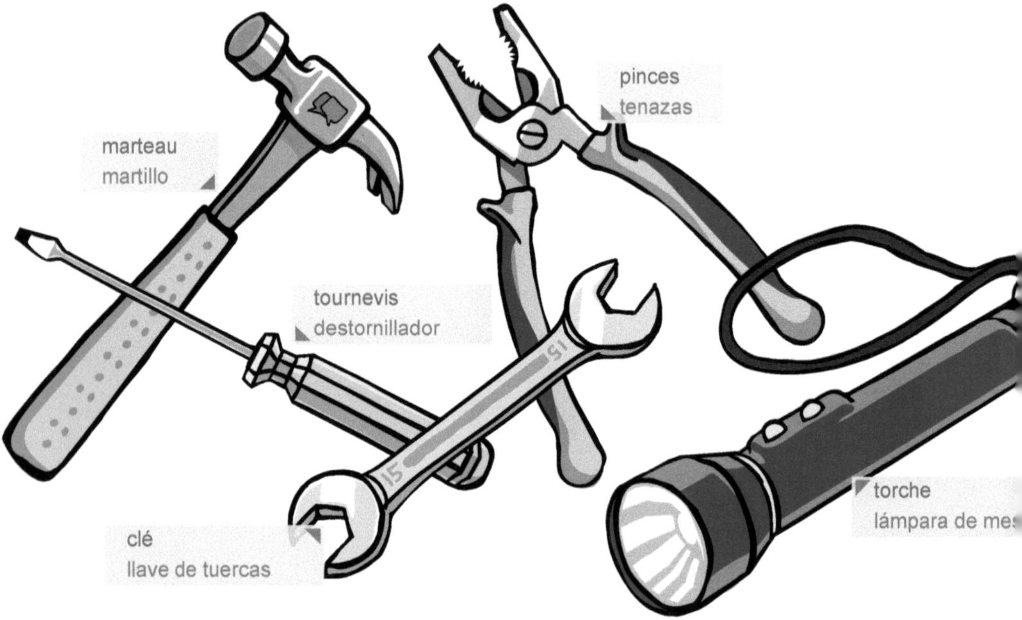

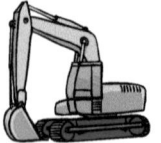

pelleteuse

excavadora

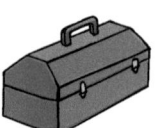

boîte à outils

caja de herramientas

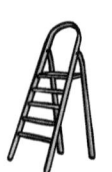

échelle

escalerilla

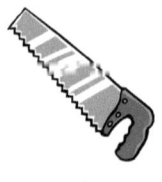

scie

serrucho

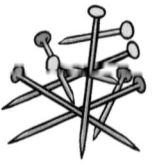

clous

clavos

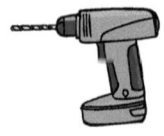

perceuse

taladro

réparer

reparar

pelle

pala

Mince !

¡Maldición!

pelle

recogedor

pot de peinture

lata de pintura

vis

tornillos

instruments de musique

instrumentos musicales

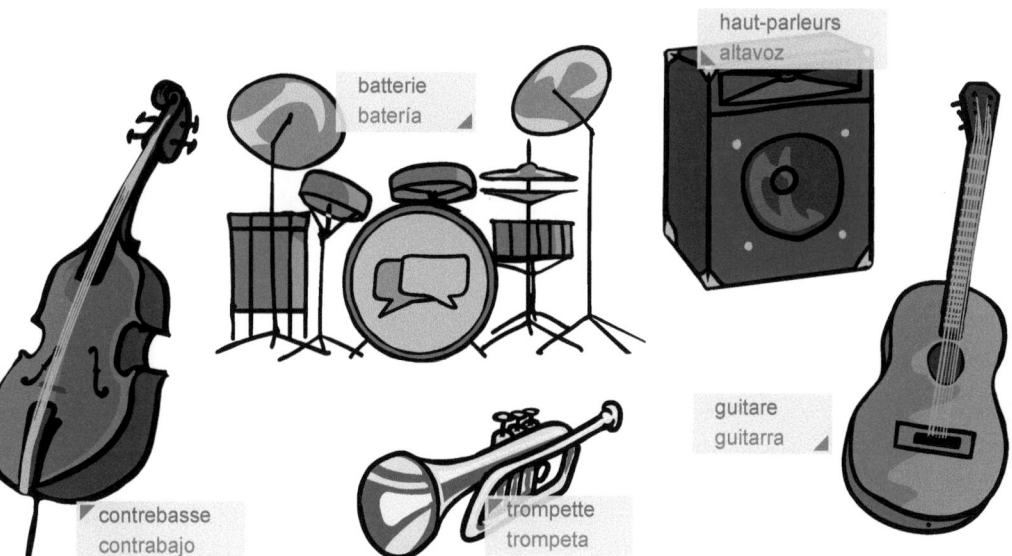

batterie
batería

haut-parleurs
altavoz

guitare
guitarra

contrebasse
contrabajo

trompette
trompeta

piano
piano

violon
violín

basse
bajo

timbales
timbales

tambour
tambor

piano électrique
teclado

saxophone
saxofón

flûte
flauta

microphone
micrófono

zoo
zoológico

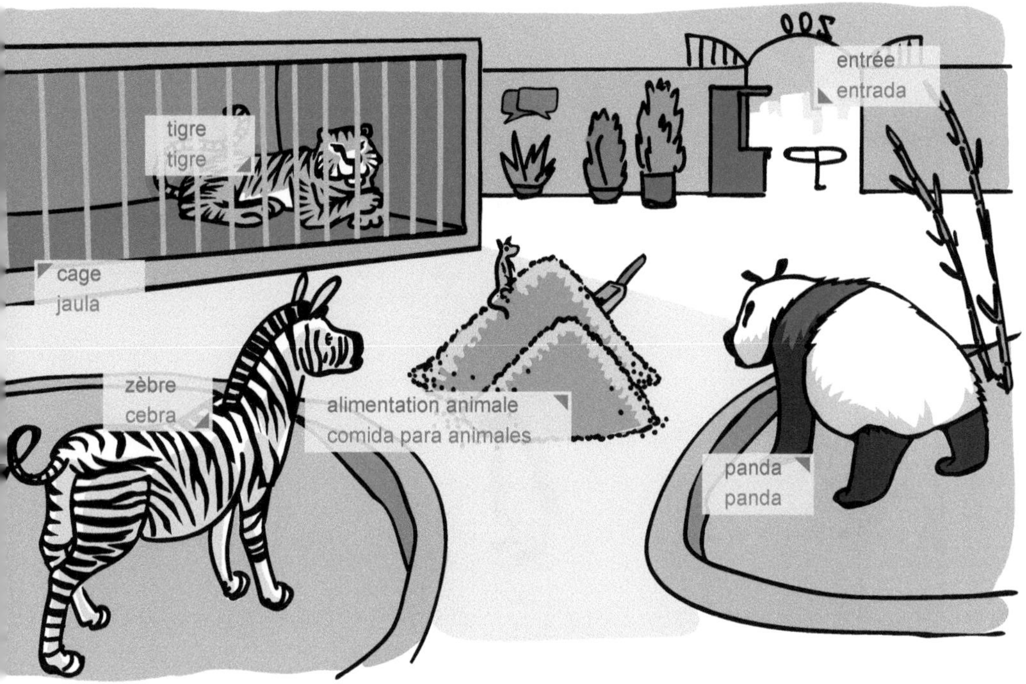
entrée
entrada
tigre
tigre
cage
jaula
zèbre
cebra
alimentation animale
comida para animales
panda
panda

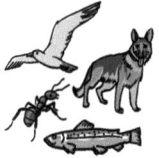

animaux

animales

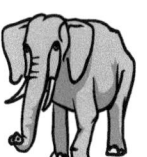

éléphant

elefante

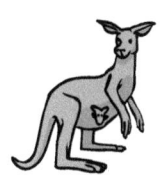

kangourou

canguro

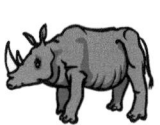

rhinocéros

rinoceronte

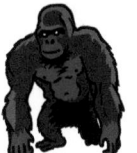

gorille

gorila

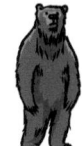

ours

oso

chameau
camello

autruche
avestruz

lion
león

singe
mono

flamand rose
flamengo

perroquet
papagayo

ours polaire
oso polar

pingouin
pingüino

requin
tiburón

paon
pavo real

serpent
serpiente

crocodile
cocodrilo

gardien de zoo
cuidador del zoológico

phoque
foca

jaguar
jaguar

zoo - zoológico

poney
pony

léopard
leopardo

hippopotame
hipopótamo

girafe
jirafa

aigle
águila

sanglier
jabalí

poisson
pescado

tortue
tortuga

morse
morsa

renard
zorro

gazelle
gacela

american Football
fútbol americano

cyclisme
ciclismo

tennis
tenis

basket-ball
baloncesto

natation
natación

boxe
boxeo

hockey sur glace
hockey sobre hielo

football
fútbol

badminton
badminton

athlétisme
atletismo

handball
balonmano

ski
esquí

polo
polo

activités
actividades

sauter
saltar
embrasser
abrazar
rire
reír
marcher
caminar
chanter
cantar
rêver
soñar
prier
rezar
faire la bise
besar

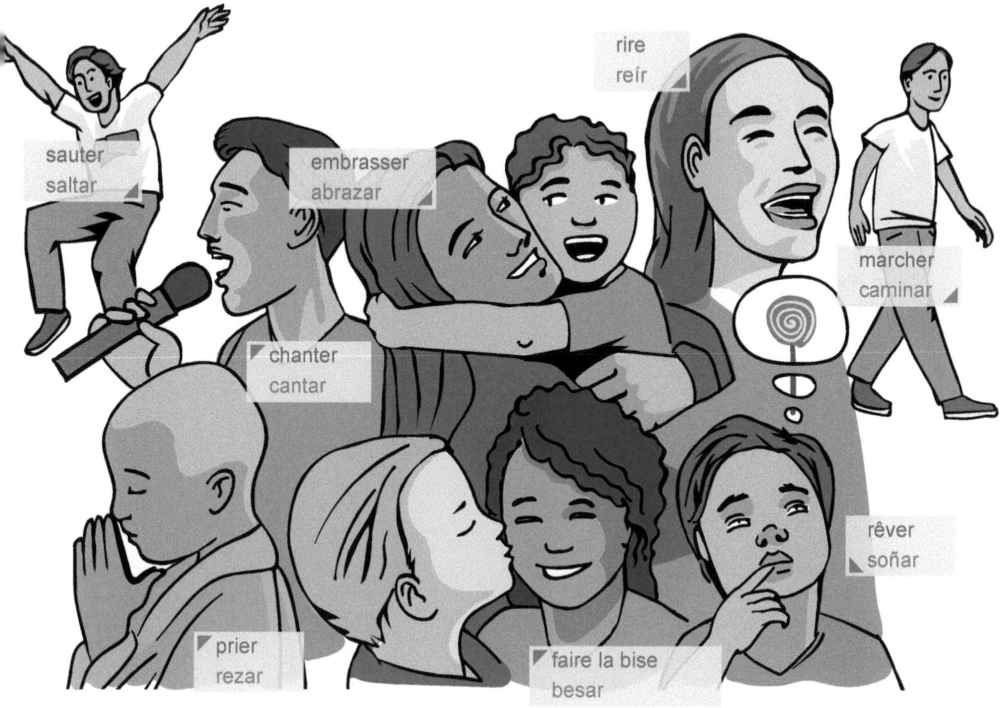

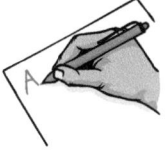

écrire

escribir

dessiner

dibujar

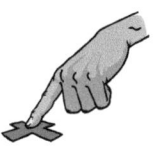

montrer

mostrar

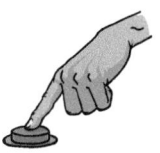

pousser

presionar

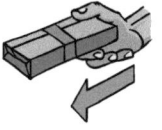

donner

dar

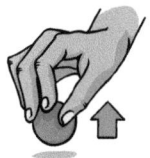

prendre

tomar

avoir

tener

faire

hacer

être

ser

être debout

estar de pie

courir

correr

trier

tirar

jeter

arrojar

tomber

caer

être couché

estar acostado

attendre

esperar

porter

llevar

être assis

estar sentado

s'habiller

vestirse

dormir

dormir

se réveiller

despertar

regarder	pleurer	caresser
mirar	llorar	acariciar

peigner	parler	comprendre
peinarse	conversar	entender

demander	écouter	boire
preguntar	oír	beber

manger	ranger	aimer
comer	asear	amar

cuire	conduire	voler
cocinar	conducir	volar

faire de la voile
navegar

calculer
calcular

lire
leer

apprendre
aprender

travailler
trabajar

se marier
casarse

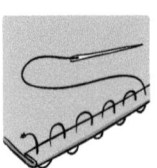

coudre
coser

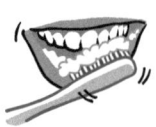

brosser les dents
limpiarse los dientes

tuer
matar

fumer
fumar

envoyer
enviar

activités - actividades

grand-mère
abuela

grand-père
abuelo

père
padre

mère
madre

bébé
bebé

fille
hija

fils
hijo

hôte

invitado

tante

tía

oncle

tío

frère

hermano

sœur

hermana

corps

cuerpo

front
frente
œil
ojo
visage
cara
menton
barbilla
poitrine
pecho
doigt
dedo
main
mano
bras
brazo
épaule
hombro
jambe
pierna

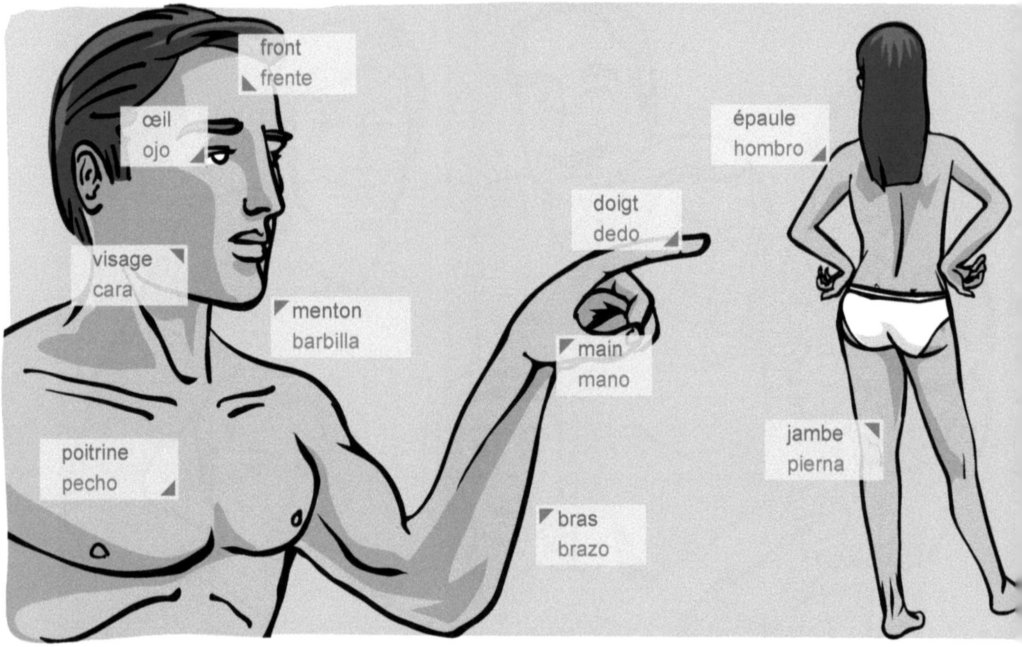

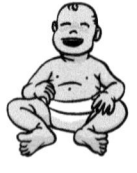

bébé

bebé

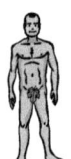

homme

hombre

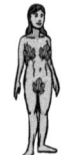

femme

mujer

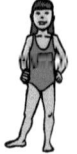

fille

muchacha

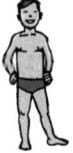

garçon

joven

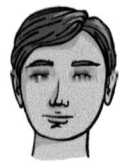

tête

cabeza

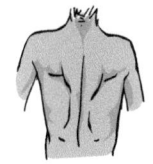

dos
espalda

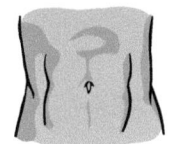

ventre
vientre

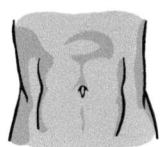

nombril
ombligo

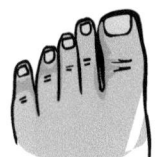

orteil
dedo del pie

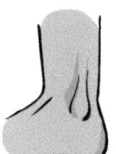

talon
talón

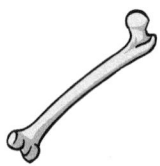

os
hueso

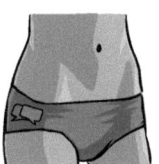

hanche
cadera

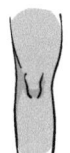

genou
rodilla

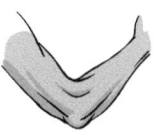

coude
codo

nez
nariz

fesses
trasero

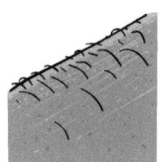

peau
piel

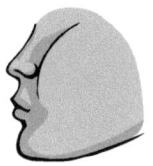

joue
mejilla

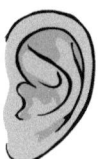

oreille
oreja

lèvre
labio

bouche
boca

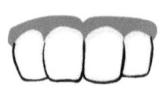

dent
diente

langue
lengua

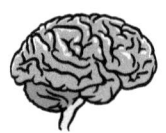

cerveau
cerebro

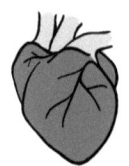

cœur
corazón

muscle
músculo

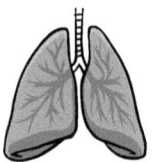

poumons
pulmón

foie
hígado

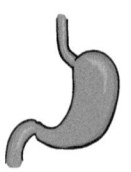

estomac
estómago

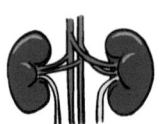

reins
riñones

rapport sexuel
relación sexual

préservatif
condón

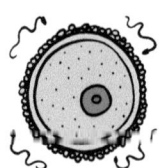

ovule
Óvulo

sperme
esperma

grossesse
embarazo

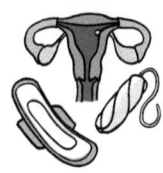

menstruation

menstruación

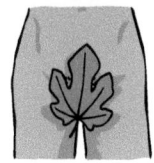

vagin

vagina

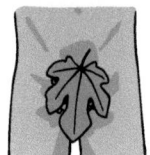

pénis

pene

sourcil

ceja

cheveux

cabello

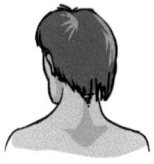

cou

cuello

hôpital
hospital

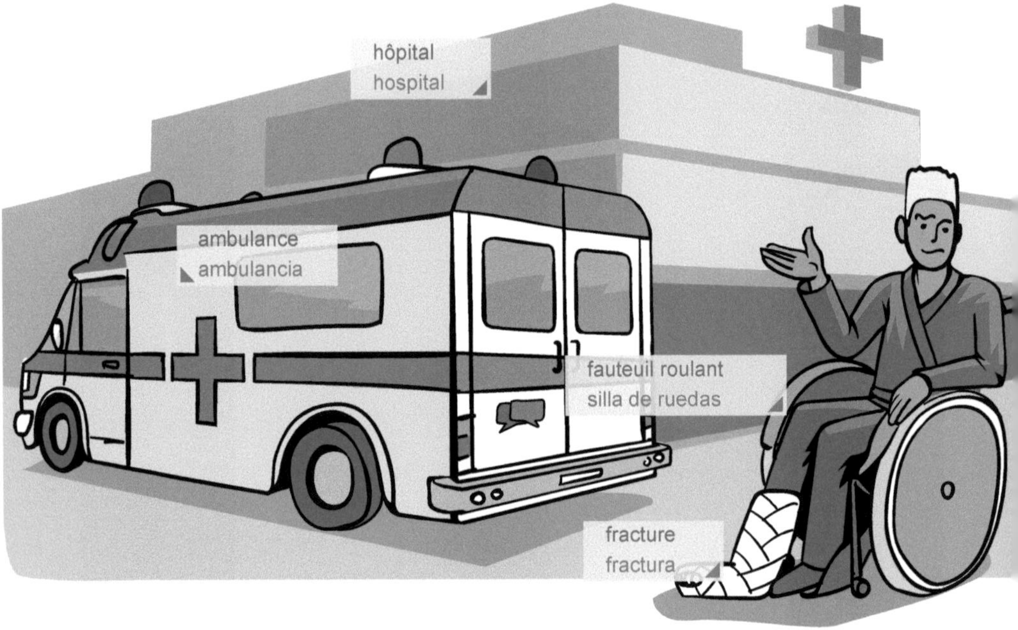

hôpital
hospital

ambulance
ambulancia

fauteuil roulant
silla de ruedas

fracture
fractura

médecin
médico

service des urgences
admisión de urgencia

infirmière
enfermera

urgence
emergencia

inconscient
inconsciente

douleur
dolor

blessure
lesión

hémorragie
hemorragia

crise cardiaque
infarto de miocardio

attaque cérébrale
apoplejía cerebral

allergie
alergia

toux
tos

fièvre
fiebre

grippe
gripe

diarrhée
diarrea

mal de tête
dolor de cabeza

cancer
cáncer

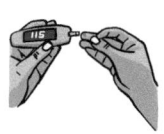

diabète
diabetes

chirurgien
cirujano

scalpel
escalpelo

opération
operación

CT
TC

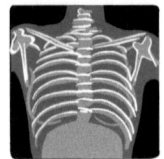

radiographie
rayos X

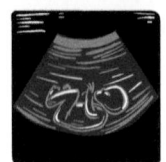

échographie
ultrasonido

masque
máscara

maladie
enfermedad

salle d'attente
sala de espera

béquille
muleta

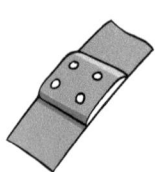

pansement
emplasto

pansement
vendaje

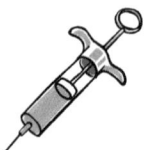

injection
inyección

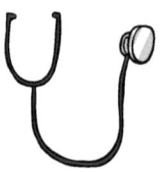

stéthoscope
estetoscopio

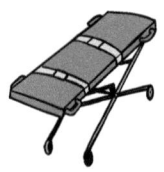

brancard
camilla

thermomètre
termómetro

accouchement
nacimiento

surcharge pondérale
sobrepeso

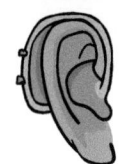

appareil auditif

audífono

désinfectant

desinfectante

infection

infección

virus

virus

VIH / sida

VIH / SIDA

médicament

medicina

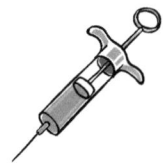

vaccination

vacunación

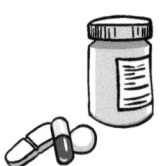

comprimés

comprimido

pilule

píldora anticonceptiva

appel d'urgence

llamada de emergencia

tensiomètre

medidor de presión arterial

malade / sain

enfermo / saludable

Au secours !
¡Ayuda!

alarme
alarma

assaut
asalto

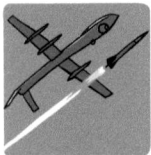

attaque
ataque

danger
peligro

sortie de secours
salida de emergencia

Au feu!
¡Fuego!

extincteur
extintor

accident
accidente

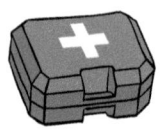

trousse de premier secours

kit de primeros auxilios

SOS
SOS

police
Policía

Europe

Europa

Amérique du Nord

América del Norte

Amérique du Sud

América del Sur

Afrique

África

Asie

Asia

Australie

Australia

Océan atlantique

Atlántico

Océan pacifique

Pacífico

Océan indien

Océano Índico

Océan antarctique

Océano Antártico

Océan arctique

Océano Ártico

pôle nord

Polo Norte

pôle sud

Polo Sur

Antarctique

Antártida

terre

Tierra

pays

país

mer

mar

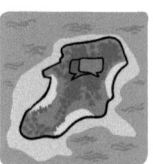

île

isla

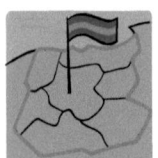

nation

nación

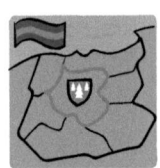

état

Estado

cadran

cuadrante

aiguille des heures

horario

aiguille des minutes

minutero

aiguille des secondes

segundero

Quelle heure est-il ?

¿Qué hora es?

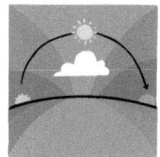

jour

día

temps

tiempo

maintenant

ahora

montre digitale

reloj digital

minute

minuto

heure

hora

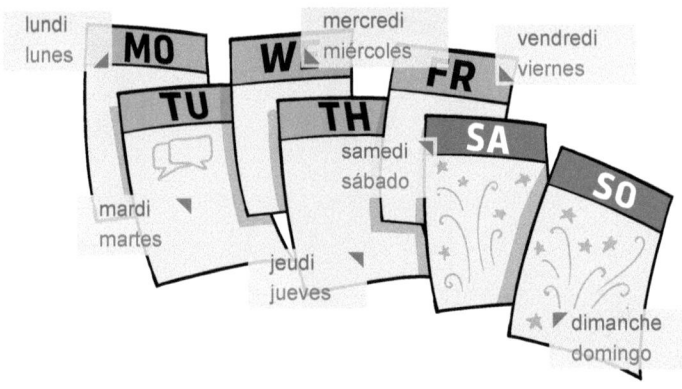

lundi
lunes

mercredi
miércoles

vendredi
viernes

mardi
martes

samedi
sábado

jeudi
jueves

dimanche
domingo

hier
....
ayer

aujourd'hui
....
hoy

demain
....
mañana

matin
....
mañana

midi
....
mediodía

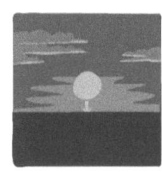

soir
....
tarde

MO	TU	WE	TH	FR	SA	SU
1	2	3	4	5	6	7
8	9	10	11	12	13	14
15	16	17	18	19	20	21
22	23	24	25	26	27	28
29	30	31	1	2	3	4

jours ouvrables
....
jornada de trabajo

MO	TU	WE	TH	FR	SA	SU
1	2	3	4	5	6	7
8	9	10	11	12	13	14
15	16	17	18	19	20	21
22	23	24	25	26	27	28
29	30	31	1	2	3	4

week-end
....
fin de semana

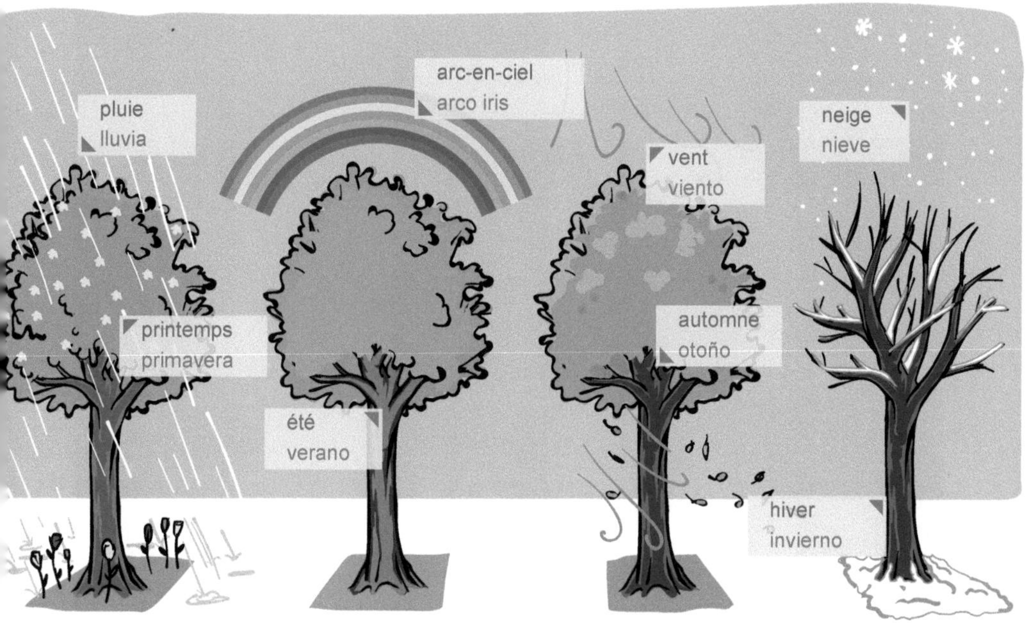

pluie
lluvia
arc-en-ciel
arco iris
vent
viento
neige
nieve
printemps
primavera
été
verano
automne
otoño
hiver
invierno

4.APRIL 11°
5.APRIL 4°
6.APRIL 13°
7.APRIL 8°
8.APRIL 10°

météo

pronóstico meteorológico

F C
120 40
90 30
60 20
30 10
0 0
-30 -10
-20

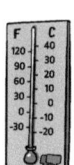

thermomètre

termómetro

lumière du soleil

luz solar

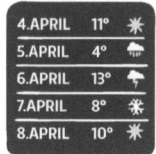

nuage

nube

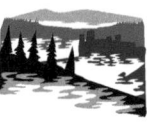

brouillard

niebla

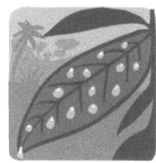

humidité

humedad ambiente

foudre

relámpago

tonnerre

trueno

tempête

tormenta

grêle

granizo

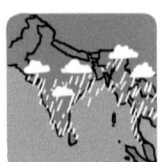

mousson

monzón

inondation

inundación

glace

hielo

janvier

enero

février

febrero

mars

marzo

avril

abril

mai

mayo

juin

junio

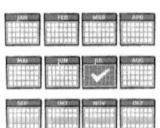

juillet

julio

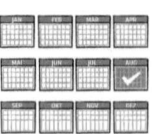

août

agosto

année - año

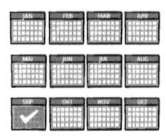

septembre

septiembre

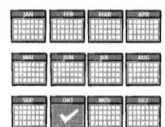

octobre

octubre

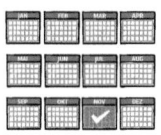

novembre

noviembre

décembre

diciembre

cercle

círculo

carré

cuadrado

rectangle

rectángulo

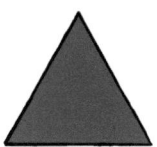

triangle

triángulo

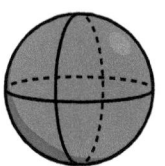

sphère

esfera

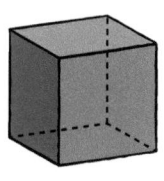

cube

cubo

blanc
....
blanco

jaune
....
amarillo

orange
....
anaranjado

rose
....
rosa

rouge
....
rojo

violet
....
lila

bleu
....
azul

vert
....
verde

marron
....
marrón

gris
....
gris

noir
....
negro

beaucoup / peu

mucho / poco

fâché / calme

enojado / calmado

joli / laid

bonito / feo

début / fin

comienzo / fin

grand / petit

grande / pequeño

clair / obscure

claro / oscuro

frère / soeur

hermano / hermana

propre / sale

limpio / sucio

complet / incomplet

completo / incompleto

jour / nuit

día / noche

mort / vivant

muerto / vivo

large / étroit

ancho / angosto

comestible / incomestible

disfrutable / no disfrutable

méchant / gentil

malo / amigable

excité / ennuyé

excitado / aburrido

gros / mince

gordo / delgado

premier / dernier

primero / último

ami / ennemi

amigo / enemigo

plein / vide

lleno / vacío

dur / souple

duro / suave

lourd / léger

pesado / liviano

faim / soif

hambre / sed

malade / sain

enfermo / saludable

illégal / légal

ilegal / legal

intelligent / stupide

inteligente / tonto

gauche / droite

izquierda / derecha

proche / loin

cercano / lejano

oppositions - opuestos

nouveau / usé

nuevo / usado

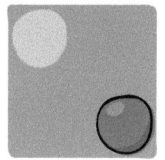

rien / quelque chose

nada / algo

vieux / jeune

viejo / joven

marche / arrêt

encendido / apagado

ouvert / fermé

abierto / cerrado

faible / fort

bajo / fuerte

riche / pauvre

rico / pobre

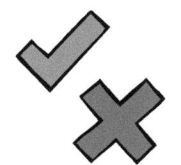

correct / incorrect

correcto / incorrecto

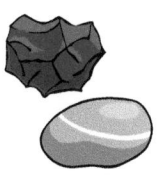

rugueux / lisse

áspero / liso

triste / heureux

triste / alegre

court / long

breve / extenso

lent / rapide

lento / veloz

mouillé / sec

mojado / seco

chaud / froid

caliente / frío

guerre / paix

guerra / paz

0

zéro

cero

1

un / une

uno

2

deux

dos

3

trois

tres

4

quatre

cuatro

5

cinq

cinco

6

six

seis

7

sept

siete

8

huit

ocho

9

neuf

nueve

10

dix

diez

11

onze

once

12

douze

doce

13

treize

trece

14

quatorze

catorce

15

quinze

quince

16

seize

dieciséis

17

dix-sept

diecisiete

18

dix-huit

dieciocho

19

dix-neuf

diecinueve

20

vingt

veinte

100

cent

cien

1.000

mille

mil

1.000.000

million

millón

langues
idiomas

anglais

inglés

anglais américain

inglés estadounidense

chinois mandarin

chino mandarín

hindi

hindi

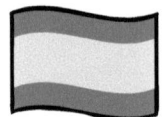

espagnol

español

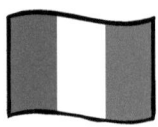

français

francés

arabe

árabe

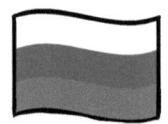

russe

ruso

portugais

portugués

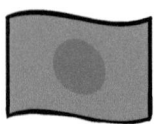

bengali

bengalí

allemand

alemán

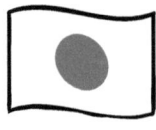

japonais

japonés

je

yo

tu

tú

il / elle / ce, c', cela

él / ella

nous

nosotros

vous

vosotros

ils / elles

ellos

Qui ?

¿quién?

Quoi ?

¿qué?

Comment ?

¿cómo?

Où ?

¿dónde?

Quand ?

¿cuándo?

nom

nombre

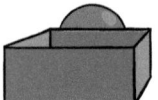

derrière

detrás

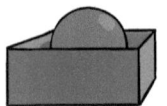

dans

en

devant

delante de

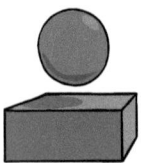

au-dessus

encima de

sur

sobre

en-dessous

debajo de

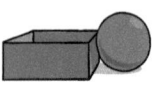

à côté de

junto a

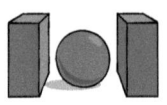

entre

entre

lieu

lugar